AF326365

MÉMORIAL

DU MARIAGE DE

M. LE COMTE ARMAND DE MORÉ-PONTGIBAUD

ET DE

Mlle CLOTILDE DAUGER

CÉLÉBRÉ

AU CHATEAU DE MENNEVAL

Le 14 janvier 1880

Conserver la couverture

PARIS

A. QUANTIN, IMPRIMEUR-ÉDITEUR

RUE SAINT-BENOIT

1880

MÉMORIAL

DU MARIAGE DE

M. LE COMTE ARMAND DE MORÉ-PONTGIBAUD

ET DE

MLLE CLOTILDE DAUGER

CÉLÉBRÉ

AU CHATEAU DE MENNEVAL,

Le 14 janvier 1880.

PARIS

A. QUANTIN, IMPRIMEUR-ÉDITEUR
RUE SAINT-BENOIT

—

1880

Le 14 janvier 1880, une nombreuse assistance
de parents et d'amis était réunie au château de
Menneval. On y célébrait le mariage du jeune
comte Armand de Moré-Pontgibaud et de Mlle Clotilde Dauger. Une alliance nouvelle venait ajouter
un lien de plus entre les deux familles, déjà rap-
prochées par des traditions héréditaires.

Bien qu'arrivés de points différents, du Velay,
du Cantal, du Limousin ou de l'Armorique, la plu-
part des invités se connaissaient d'ancienne date et
apportaient à ce rendez-vous l'effusion de leurs
voix sympathiques et cette franche cordialité qui
naît du plaisir de se retrouver sous un toit où nul
ne se sent étranger.

A plusieurs moments de cette journée, ces émotions se sont traduites, le matin à l'église de Menneval et le soir au banquet de famille. Heureux témoin de cette fête, auditeur attentif des homélies et des épithalames, un des invités s'est fait un pieux devoir de recueillir ces tributs spontanés, afin d'en perpétuer la mémoire parmi ceux qui ont entendu les voix graves des ministres de l'Église et les rythmes variés des ménestrels.

D'abord, comme monument principal, il importe de rappeler les paroles pleines d'onction que M. l'abbé Lalfaille, secrétaire de l'Évêché de la Rochelle, adressa aux jeunes époux avant de leur donner la bénédiction nuptiale. Pendant dix années, ce digne prêtre avait rempli auprès du jeune comte de Moré la mission de précepteur avec un dévouement paternel. À la nouvelle de son mariage, il avait tout quitté pour répandre sur le front de cet élève bien-aimé les trésors les plus abondants des grâces célestes.

Nos lecteurs nous sauront gré d'avoir pu, à peu près textuellement, reproduire son discours :

Monsieur,

Mademoiselle,

Je suis vraiment touché du grand honneur que vous me faites, en m'appelant à vous donner la bénédiction nuptiale, bénédiction chère et précieuse entre toutes. Il faudrait ici pour être à la hauteur de votre nom et de votre position dans le monde, une parole et une bénédiction épiscopales, et je sais l'empressement avec lequel vos moindres vœux, à cet égard, auraient été entendus.

Mais, Monsieur, vous avez laissé parler votre cœur; et vous, Mademoiselle, vous estimez trop déjà celui à qui vous vous donnez, pour que vos sentiments ne soient pas en harmonie avec les siens.

Vous avez voulu associer à votre joie, cher Armand, celui qui, dès vos plus jeunes années, a essayé de vous entourer d'une affection toute paternelle. Merci : je serais certes bien récompensé, si aimer n'était pas la plus douce des choses et avait besoin de récompense.

Je suis surtout heureux, en ce jour de votre bonheur à vous, de celui de vos deux nobles familles, du bonheur en particulier de celle dont il m'a été donné de partager, pendant longtemps, avec vous, les grandes douleurs et les joies bien rares, de votre digne mère! — Un rayon illumine enfin ce front où le deuil avait imprimé sa marque; elle est heureuse, parce que son foyer, devenu désert, va de nouveau s'animer; elle est heureuse, parce que vous allez faire revivre, en prenant sa place, cet époux chéri, votre noble père, sitôt arraché à sa tendresse.

Ses rêves sont plus que comblés, puisqu'en même temps elle retrouve une tendre fille qu'elle avait perdue, et qui semblait donnée par Dieu pour adoucir les tristesses de son long veuvage !

Vous êtes, Mademoiselle, cette fille pour elle ; tout concourt à lui faire cette douce illusion : votre affection à son égard, affection qui date de vos plus jeunes années, et les liens d'amitié qui vous unissaient à son enfant, dont vous partagiez les études et les jeux. Il n'est pas jusqu'à votre nom même qui ne semble fait pour ramener parmi nous celle qu'on n'a pu connaître sans l'aimer.

J'aurais à craindre peut-être de jeter un voile de tristesse sur cette fête en rappelant le souvenir de ces chers absents et d'autres encore que je ne nomme point et qui seront toujours vivants dans vos cœurs. Mais non, la joie de ce jour ne saurait en être assombrie, leur souvenir est bien ici à leur place !

Pourtant, Mademoiselle, si vous faites le bonheur de votre nouvelle famille, il ne faut pas que votre mère vénérable, si pieuse, si sainte, qui vous a élevée avec tant de soins, s'abandonne à la tristesse ; vous ne la quittez point ; cette alliance a cela d'heureux que vous n'abandonnez pas votre famille, vous ne faites qu'en agrandir le cercle, en resserrer les liens, et ôter à ceux qui vous aiment la crainte de vous perdre.

Après avoir laissé parler l'ami (ce titre, cher Armand, nous est depuis longtemps doux et familier), vous voulez aussi que le prêtre parle à son tour, qu'il vous dise le but élevé du mariage chrétien et les moyens d'y parvenir.

Ma tâche est encore ici bien facile. Jamais âme sacerdotale n'a été plus à son aise, car je n'ai pas à éprouver les angoisses qui trop souvent serrent le cœur du prêtre dans le ministère que je remplis.

A pareil jour, en effet, pour mille autres que vous, tout est pur peut-être, tout est saint, si vous le voulez, et les serments qu'on fait à Dieu sont aussi sincères que ceux qu'on se fait à soi-même. Mais, hélas! le monde est là avec ses séductions, et Dieu est bien vite oublié! c'est à peine si au milieu d'une vie toute remplie de futilités on peut trouver quelques froides minutes pour remplir les devoirs stricts du chrétien ; heureux si ces devoirs ne sont pas des offenses! La puissance fascinatrice du monde est si grande, et si petit est le nombre de ceux qui savent résister à ses exigences extrêmes ! Il est là, en effet, avec ses vanités, ses plaisirs qu'il multiplie sous nos pas : il est là pour entraîner, — dédaigneux ou souriant, suivant qu'on l'écoute ou qu'on refuse de le suivre. — *Le monde, être complexe* et abstrait, mot qui semble inventé pour tranquilliser les consciences troublées, car qui est *le monde*, dit-on? et cependant c'est *un être* dont le plus souvent nous faisons partie nous-mêmes et dont nous approuvons ou sanctionnons les lois! Prenez garde, et n'oubliez pas que Jésus qui n'avait que des consolations pour toutes les misères, des pardons pour toutes les fautes et pour toutes les hontes, Jésus si bon, a anathématisé, a maudit le monde! Il n'y a rien de commun entre ses maximes et celles du Sauveur!

Voilà pourquoi sont grandes les sollicitudes de l'âme du prêtre quand il est en face d'une nouvelle famille qui va se fonder. Quand il parle à ces jeunes époux, sa parole voudrait avoir en eux des retentissements jusques à la tombe ; — quand il bénit, sa bénédiction voudrait embrasser tout le cercle de ces deux existences qui s'ouvrent à la vie et les fixer à jamais dans l'immobilité de l'amour de Dieu ! — Immobilité qui n'est pas l'inaction, qui ne nous condamne pas à nous séquestrer du monde, à nous éloigner des hommes ; mais immobilité féconde en activités merveilleuses — merveilleuses pour la famille, merveilleuses pour la société!

Tels sont les désirs, telles les espérances du prêtre souvent déçues.

Mais, je l'ai dit, cette crainte n'est pas la mienne.

Vous êtes, en effet, Monsieur, Mademoiselle, de la race de ces fils d'Israël fortement trempés, et votre race ne se dément point. Ici, un usage, assez goûté peut-être, voudrait que je parle de l'illustration de vos ancêtres ; que je les montre mettant leur fortune, leur sang, leur vie au service de tout ce qui est grand, de tout ce qui est saint : que je les montre surtout sur ces champs de bataille où l'étendard de la croix brillait à côté de celui de la patrie! — Le sujet, certes, ne me ferait point défaut, et, pour justifier mes plus beaux éloges, je n'aurais qu'à laisser flotter sur vos têtes la glorieuse oriflamme de vos pères où l'on voyait briller cette devise si belle : « *Morrer por Dios!* » devise magnifique qui *seule* a fait et fera les saints et les martyrs, avec cette autre si chrétienne « *nil sine labore* » rien sans *travail,* rien sans peine, qui rappelle si bien ces paroles du Sauveur, « *violenti rapiunt illud* ». Il n'y a que ceux qui savent se faire violence qui remporteront le royaume des cieux et qui mériteront ses célestes transfigurations.

Toutefois étaler cette gloire, acquise même au service de Dieu, déployer ces titres brillants, respire toujours quelque mondanité, et la mondanité ne saurait s'allier à la gravité du lieu saint; je craindrais encore de blesser la profonde modestie de vos familles; leurs noms parlent assez à toutes les mémoires. Quant à vous, issus de pères à l'âme aussi grande que leur naissance et leur caractère, vous ne faillirez point, et vos enfants seront élevés à cette école de vraie noblesse, de crainte de Dieu, de délicatesse pour leur conscience, de respect pour leurs parents !

Plût au ciel que nous vissions apparaître toute une génération aussi solidement chrétienne; combien nous en aurions besoin pour relever notre siècle de défaillance et d'affaissement !

En me laissant aller à ces considérations, j'ai dit, sans m'en apercevoir, le but principal du mariage chrétien ; donner à Dieu des serviteurs fervents, à l'humanité des *saints* pour modèles, à la patrie des fils dévoués, et doués de vertus viriles ! *Le sentiment religieux et le sentiment national s'allument au même foyer,* suivant la belle expression d'un grand orateur de nos jours.

Un autre but du mariage, non moins digne de ce sacrement, est de ne pas laisser l'homme et la femme isolés, dans le chemin de cette vie, toute de labeurs, souvent de souffrances, rarement de joies.

Pour toutes ces choses, il *n'est pas bon que l'homme soit seul*; Dieu l'avait dit au paradis terrestre, non, *il n'est pas bon que l'homme soit seul.*

Il s'élancera avec plus de courage pour les luttes et les travaux de chaque jour, quand, après ses fatigues ou ses déceptions parmi les hommes, il sera sûr de trouver sur le seuil de sa maison un être aimé qui viendra l'envelopper et le rafraîchir de sa tendresse. Étrange phénomène! la présence d'un être délicat et faible double la puissance et la force de l'homme! La femme, à son tour, oublie près de lui sa faiblesse et devient étonnante de courage en face des épreuves de la vie! Et tous les deux, dans ce doux commerce, sentent leur âme se *dilater* et *trouver avec plus de facilité son chemin vers le ciel!*

La *sanctification mutuelle* devient ainsi la fin suprême de leur union.

Mais, pour maintenir le mariage à cette sublime hauteur, je vous étonnerais si je vous disais que bien des vertus sont nécessaires! Je vous étonnerais, car aujourd'hui l'harmonie de vos âmes vous paraît si naturelle! mais il ne s'agit pas ici de promesses d'un jour, d'une année!... Non, ce sont des promesses qui doivent durer la vie entière? De là cette longue énumération de vertus que les orateurs chrétiens réclament des nouveaux époux!

Pour moi, par une faiblesse qui m'est bien pardonnable à votre égard, en ce jour, où, de vos cœurs à vos lèvres il ne peut monter qu'un mot *aimer*, je n'aurais pas non plus d'autres accents et je vous dirai, *aimer!* Pour le mariage chrétien l'*amour* suffit. — Non l'amour comme *sen-*

timent, mais l'amour comme *vertu surnaturelle*, dont parle l'apôtre saint Paul, quand il vous dit lui-même pour unique précepte : « *Viri diligite uxores vestras, sicut Christus Ecclesiam.* » Ah! oui, aimez, mais comme le Christ a aimé son Église. — Cet amour entre époux est bien rare, laissez-moi le dire! Car la parole de saint Paul est bien peu comprise. — On aime parce qu'on est aimé ; on donne *parce qu'on a reçu* ; — Ôtez *l'attrait*, la *beauté*, la *sympathie*, *l'intérêt*, que sais-je? — l'amour n'est plus!

En Jésus-Christ, l'amour n'est pas une *conséquence*, il est à lui-même sa cause : il aime le *premier*, il aime *malgré* les rebuts, il aime *toujours*! Jésus-Christ, dit l'Écriture, a aimé tellement ses frères qu'il a donné son sang pour eux. On l'oublie, on le délaisse, on le dédaigne même, il aime ; — on ne lui donne rien, il donne encore ; — enfin, notez ceci, quand on l'a connu, on *finit* par l'aimer, car un amour si désintéressé est toujours victorieux. — Mais son amour à Lui est toujours resté la *cause*, il a précédé, il n'a jamais été un *effet* du nôtre?

Je vous laisse cette belle pensée. Votre félicité sera grande, si votre amour est fait sur un tel modèle! Disparaisse tout ce qui peut vous enchanter aujourd'hui, *vous vous aimerez toujours!*... Viennent des contradictions, vous *céderez comme* Jésus ; *vous aimerez toujours!* *aimer* comme Jésus, *jusqu'à l'oubli de soi, tout est là!* — Et voilà comment ce sacrement de mariage est grand, comme dit l'Apôtre, en Jésus-Christ et en son Église. *Sacramentum hoc magnum est in Christo et in Ecclesia.* (Eph. V.)

Oui, il est grand et auguste le sacrement que vous allez recevoir!... Puissent toutes les grâces qui y sont attachées, descendre sur vos âmes, comme une rosée bienfaisante... Puissent ces mêmes grâces aujourd'hui, demain et toujours, faire votre bonheur pendant les jours que vous aurez à passer sur cette terre et vous mériter les couronnes et les récompenses, qui, là haut, attendent les époux chrétiens ! Ainsi-soit-il !

Nous aurions voulu pouvoir reproduire les adieux touchants adressés par M. le Curé de Menneval et par les jeunes filles de la paroisse à Mlle Clotilde Dauger : s'il ne nous est pas possible d'en reproduire le texte au moins ils ne s'effaceront pas de la mémoire de tous les assistants.

Après la cérémonie, les jeunes époux, rentrés au château, ont reçu les compliments des serviteurs, des ouvriers et des fournisseurs de la maison, qui avaient voulu apporter un tribut à la corbeille de la mariée, qu'ils avaient vue naître et grandir parmi eux.

A cet hommage cordial vinrent s'ajouter les félicitations sympathiques d'un nombreux voisinage.

Les échos du high-life parlent souvent de la vallée de la Charentonne, l'un des coins les plus animés de la Normandie. Nous avons enregistré autant que possible le nom des personnes qui sont venues apporter à cette fête un témoignage d'amitié précieux pour les deux familles.

Vers le soir, lorsque le cercle est devenu plus intime, à la fin du repas de famille, le comte Dauger, chef actuel de la maison, élevant son verre propose aux convives la santé des jeunes époux et celle du Roi, dont le souvenir est inséparable des meilleures fêtes. La première place lui appartient au foyer de ses fidèles serviteurs.

> Dans ce vin [1] jadis on prétend
> Qu'en Navarre un royal enfant
> Trempa sa lèvre à peine éclose.
> Que notre gosier qu'il arrose
> Puisse chanter en le buvant :
> Vive Clotilde et vive Armand !
>
> Des héros il est le partage,
> Aux hommes il donne un grand cœur,

[1] « Vin de Jurançon. »

Il rend la femme forte et sage
En lui donnant grâce et vigueur:
Si de la *force* il est l'image,
Il fait *l'union* du ménage.

Si vous avez quelques soucis,
Allez le chercher, mes amis,
Pour mieux dissiper le nuage;
Et buvez-le, surtout à l'âge
Où vous serez de vieux parents
Entourés de petits enfants.

Je vous promets, Armand, mon frère,
De vous en verser de grand cœur
A chaque voyage un grand verre
Si vous nous ramenez ma sœur
Contente, arrondie et joyeuse
De votre manoir de Chabreuse.

Clotilde était de nos foyers
L'éclair joyeux,... et vous voyez
Ses trois neveux, sa seule nièce
Se lamenter pleins de tristesse !
Il faut, pour les ragaillardir,
Quatre fois par an revenir !

Comme de vieux Français, avant tout il faut boire,
Selon l'antique usage, à la santé du Roi !

Garder son souvenir est pour nous une gloire,
En lui seul, mes amis, nous mettons notre foi.
Ensuite à toi, Clotilde, à toi, sœur et filleule !
Reviens à ton berceau, quand tu pourras, — souvent,
Donne-nous de longs jours.... mais ne reviens pas seule. —
Enfin à vous mon frère, à vous, mon cher Armand !
Soyez heureux toujours ! Que pour vous deux la vie
De plaisirs, de bonheurs se déroule suivie.
Jusqu'à l'instant suprême où, sans vous dire adieu,
Après vos *noces* d'or, vous irez jusqu'à Dieu !

Le vicomte de Pontgibaud, heureux de voir
consacré par tant de vœux l'hymen qui doit faire
le bonheur de son cousin et de sa cousine, décrit
en vers originaux les mœurs auvergnates, qu'il
conseille plaisamment aux époux d'adopter sans
réserve.

Que vient-il faire ici le vigoureux Arverne,
Descendu des sommets que couvrent les frimas?
Viens-tu lutter, Hercule, avec l'hydre de Lerne?
Ou remettre en honneur les étables d'Augias?

Quoi! Vercingétorix, de vivante mémoire,
Oserais-tu ravir, à l'instar des Romains,
Cette jeune Sabine à la prunelle noire?
Oserais-tu, Brennus, l'arracher de nos mains?

Es-tu fils de Clodion, qui régna sur les Gaules,
Qui portait la francisque et des bracelets d'or ?
As-tu déjà porté sur tes vastes épaules
La dépouille d'un loup par ton bras mis à mort ?

Es-tu, nouveau Clovis, un vainqueur invincible ?
A Clotilde offres-tu le vase de Soissons ?
Fier Sicambre, ton cœur est-il moins insensible
Aux attraits de l'enfant qu'ici nous chérissons ?

Rassure-toi, Clotilde, il n'est pas si farouche ;
Si je lui parle ainsi sur un ton mécontent,
C'est afin qu'il apprenne aujourd'hui par ma bouche
Le prix de ton amour, du bonheur qui l'attend.

Il sut être un bon fils et respecta sa mère,
Celle qui le combla de ses soins les plus doux ;
Dans ses affections il n'est point éphémère :
Bientôt tu me diras : « Armand est bon époux !

« Quand il me voit passer, son regard devient tendre ;
« Si peu que je m'absente, il me cherche en tous lieux ;
« La nuit comme le jour, partout il veut m'entendre,
« Me tenir dans ses bras, et me suivre des yeux ! »

— Il sera bon époux, je le jure à l'avance,
Et si bien enlacé dans tes filets dorés,
Qu'il lui faut faire trêve à son indépendance.
Il vivra sous le charme. Avant peu, vous verrez. —

Les Brivadois, heureux d'avoir pour châtelaine
La princesse Clotilde au regard andaloux,
Offriront à l'envi le lait, le vin, la laine,
Et maints autres produits dont Paulhac est jaloux !

Clotilde, en leur parlant, affectera sans peine
De donner à sa voix le tour harmonieux
Des gens de ce pays, qui détestent la plaine
Et trouvent qu'à Langheac on s'exprime bien mieux. —

Chaque soir à Chabreuse on danse la bourrée,
Avec des sabots neufs et de larges chapeaux ;
Le poignet sur la hanche et la face empourprée,
On vous verra sauter sur les gazons nouveaux.

L'automne arrivera plus vite qu'on ne pense,
Vous irez vendanger sur le coteau voisin,
Vous-même remplirez une corbeille immense,
Et vos bras rougiront dans la cuve à raisin.

Conservez, chers enfants, ces mœurs patriarcales,
Cultivez votre bien, aimez l'austérité,
Cherchez la paix des champs, les douceurs conjugales,
Et le Ciel bénira votre postérité !…

C'est l'exemple donné par Maxi, votre aînée,
Imitez Montgeroult ! imitez Menneval !
Voyez près d'un berceau la fin de chaque année :
Au printemps le baptême et le grand festival !…

S'il vous faut un parrain pour nommer le dixième,
Epoux, comptez sur moi, comptez sur mon concours;
Déjà pour cet enfant mon amour est extrême!
Je voudrais qu'il fût là!... j'en parle tous les jours.

La muse fine et délicate du baron Gustave Dauger lui inspire des strophes pleines de grâce et de
sentiment.

Clotilde, il me souvient qu'en ta plus tendre enfance
        Je prenais un plaisir bien doux
A te faire goûter le bonheur de la danse
        En sautillant sur mes genoux.

Le cœur ne vieillit pas, quand passe la jeunesse,
        Et je ne t'ai pas vu grandir
Pour que le sentiment de ma vieille tendresse
        Puisse aujourd'hui se refroidir.

Ici je vois pour toi le bonheur tel qu'en rêve
    Je puis me l'être figuré
(Quelque rare qu'il soit pour les descendants d'Ève)
    Dans l'alliance d'un Moré.

On trouve dans ce sang l'honneur héréditaire,
    Fidélité, cœur généreux,
Et bravoure... ah! pardon, ici je dois me taire
    Au souvenir sacré d'un preux !

Tu ne changeras pas pour cela de famille,
    Deux n'en feront *qu'une* en t'aimant ;
De deux mères, pour une, en devenant la fille,
    On pourra t'aimer doublement.

Si tu quittes parfois le ciel de Normandie
    Pour habiter d'autres climats,
J'ose dire, en prouvant cette thèse hardie
    Que tu ne t'éloigneras pas.

On ne voyage plus en effet par le coche,
    La diligence ou le bateau ;
On n'est plus arrêté pour gravir une roche
    Sur le flanc d'un âpre coteau.

Vers le but aujourd'hui le voyageur s'élance,
    Comme la flèche d'un carquois,
En moins de jours, pour faire un tour entier de France,
    Qu'il ne fallait jadis de mois.

Le train s'ébranle, siffle, glisse dans les plaines,
    Sous les monts et sur les vallons,
En traînant les colis, les bourgeois et les reines
    Avec l'aile des aquilons.

Il saura modérer son haleine bouillante,
    Quand loin de nous tu t'en iras,
Et presser la vapeur de sa chaudière ardente,
    Quand vers nos cieux tu reviendras.

Puis nous caresserons un petit fil magique,
    De l'éclair porteur et rival,
Pour causer à travers l'étincelle électrique
    Entre Chabreuse et Menneval.

L'éclair intelligent supprime la distance :
    Lieuvin et Velay sont voisins ;
Par-dessus Lyonnais, Bourgogne, Ile de France,
    Ils se donnent les mains.

Mais il est temps, je crois, pour n'ennuyer personne,
    De conclure en vous exprimant
Les vœux que vous consacre un oncle qui grisonne,
    Chère Clotilde, cher Armand.

Que Dieu que nous avons invoqué dans son Temple
    Vous bénisse pour de longs ans,
Et que, du haut du ciel, vous bénissent ensemble
    Vos deux pères qui sont absents!

Puissiez-vous dépasser la limite assignée
          A l'humanité dans son cours,
Et des fils de vos fils voir croître une lignée
          Qui soit l'orgueil de vos vieux jours !

Puissiez-vous voir au diable aller la République,
          Qui persécute notre foi !
Revoir la France enfin chrétienne et monarchique,
          Fidèle à Dieu, fidèle au roi !

Rendre à vos descendants une fière patrie
          Dont l'honneur refleurisse encor,
Restaurant sur l'azur de sa robe flétrie
          Les royales fleurs de lys d'or !

Sur terre il est parfois bien des douleurs amères ;
          Dieu vous épargne en ses décrets !
Mais que votre bonheur adoucisse à vos mères
          L'amertume de leurs regrets !

Clotilde ! élève-nous, aux sources de la Loire,
          Un petit peuple de Normands,
A la santé desquels d'avance je veux boire,
          Pour arroser mes compliments.

Enfin, le comte de Pontgibaud, s'élevant aux
plus hautes régions nous transporte aux pieds
de la Vierge, où Clotilde de Moré, sœur du jeune
époux, obtient de la Reine des Cieux la consécra-
tion de cette touchante cérémonie. On se croirait
devant un tableau de Raphaël, après avoir prêté
l'oreille à son élégie :

I

C'est un double devoir aujourd'hui qui m'incombe,
Presque un Pontificat qui sur ma tête tombe
Avec la mission, — chers enfants, — de bénir
Cette chaîne de fleurs qui vient de vous unir.

M'inspirant du pouvoir que m'ont légué vos pères,
En leur nom je dirai : « Que vos jours soient prospères,
Croissez, multipliez dans la paix du Seigneur,
Qu'il répande sur vous la manne du bonheur ;
Qu'il vous garde toujours aimants, — comme vous êtes,
Bons jusqu'au fond du cœur ; — qu'il verse sur vos têtes
La source du vrai bien que lui seul fait pleuvoir,
Et qu'au pied des autels vous venez recevoir.
— Vous avez près de lui de puissants interprètes,
A réclamer ses dons des âmes toujours prêtes,
— Des tuteurs vigilants pour guider vos desseins,
Car vos pères là-haut sont au nombre des saints
— Je sens qu'en cet instant ma bouche qui vous parle
Est l'écho d'Amédée et de mon frère Charle ;
Ce matin, à l'Église, ils étaient à genoux,
Heureux, pleins d'espérance et priant avec nous.
Des deux parts assistant l'orphelin, l'orpheline,
Fiancés par leurs soins sur la sainte colline ; —
— Comme ces Chevaliers, comme ces anciens preux,
Qui militaient ensemble et s'alliaient entre eux ;
Ils avaient fait rencontre, et, sous le ciel qui brille,
L'un avait accordé son fils, l'autre sa fille.
— Un ange au nimbe d'or qu'aujourd'hui j'entrevois,
Servit de messagère à tous deux à la fois :
N'en doutez point : — C'était Clotilde, ma filleule ;
Clotilde, cette enfant si chère à son aïeule,
Si mûre *jeunement,* si charmante d'esprit,
Qu'au printemps de ses jours la Vierge nous reprit,
Et qui priait ainsi : — « Pour rendre moins amère,

« Mon absence — à mon frère Armand, — puis à ma mère,
« Vierge sainte, — daignez leur envoyer là-bas,
« La compagne avec qui je prenais mes ébats
« Au couvent — dont le seuil s'ouvrit à notre enfance,
« Dont la Patronne était une Reine de France
« Qui, du temps de Clovis, s'appelait comme nous,
« *Clotilde;* — Bonne Vierge, ah ! certe il serait doux
« A mon cœur de penser que ma sœur adoptive
« Irait, pour consoler la voix qui sort plaintive,
« Quand mon nom est redit sous ces murs restaurés,
« Une *Clotilde* manque au manoir des *Morés* (¹);
« Donnez-lui celle-là, pour qu'un frère qui m'aime,
« En *Clotilde Dauger* trouve une autre moi-même,
« Pour qu'auprès de ma Mère, au poste déserté,
« L'autre Clotilde soit ce que j'aurais été. »

II

Comme un lys au zéphir inclinant sa corolle,
La Vierge dit : « *Qu'il soit fait selon ta parole !* »

1. Au château de Chabreuse, nouvellement sorti de ses
ruines.

Étaient présents au mariage :

Mme la comtesse DAUGER, douairière,
M. le comte et Mme la comtesse DAUGER,
Mme la comtesse de MORÉ-PONTGIBAUD,
M. le vicomte CAMILLE DAUGER,
M. le baron GUSTAVE DAUGER,
M. le comte de PONTGIBAUD,
M. le marquis de MIRAMON FARGUES,
M. le comte de MIRAMON FARGUES.
M. le comte AURÈLE de la VILLARMOIS,
M. le vicomte et Mme la vicomtesse XAVIER DAUGER,
Mme la baronne de BRAY.

M. le marquis de VIRIEU,

M. le marquis et Mme la marquise de BLANGY,

M. le vicomte et Mme la vicomtesse de CHENELETTE,

M. le vicomte et Mme la vicomtesse de PONTGIBAUD,

Mme la vicomtesse de PRACONTAL,

M. le comte et Mme la comtesse de VALORI,

Mlle YVRANDE de PONTGIBAUD,

M. le marquis de NEDONCHEL,

M. le vicomte de BLANGY, chef d'escadrons.

Mlle JEANNE DAUGER,

M. JEAN DAUGER,

M. GUY DAUGER,

M. LOUIS DAUGER,

M. l'abbé LAFFAILLE,

Mme la marquise de CAULAINCOURT,

M. le baron et Mme la baronne de FORVAL,

M. le marquis de SARCUS,

M. le comte de SARCUS,

M. le vicomte de SARCUS,

M. le baron de CLOYS,

M. le comte et Mme la comtesse de BOISGELIN,

Mme la marquise de MONTMORT,

Mlle de MONTMORT,

M. de CLERQ, député et Mme de CLERCQ,

M. le comte de VAUGIRAUD,

M. le comte et Mme la comtesse de GAUVILLE,

M. GODEFROID du FAY,

M. le vicomte et Mme la vicomtesse de GASSARD,

Mlle de NOINVILLE,

Mme la comtesse de Bréda,
M. le comte de Charencey,
M. Lottin de Laval.

Nous avons recueilli ces noms à la hâte. Quelques omissions ont pu s'y glisser, tant nombreuse était la foule accourue de Menneval, Bernay et lieux environnants, qui remplissait la vieille église paroissiale.